SABEDORIA DE
HERMÓGENES

saúde
para o corpo
e o espírito

SABEDORIA DE
HERMÓGENES

saúde
para o corpo
e o espírito

Seleção de textos
e organização
Fredímio B. Trotta

NOVA ERA

CIP-BRASIL. CATALOGAÇÃO-NA-FONTE
SINDICATO NACIONAL DOS EDITORES DE LIVROS, RJ

H475s
    Hermógenes, 1921-
        Saúde para o corpo e o espírito / Hermógenes;
    organizador, Fredímio B. Trotta. — Rio de Janeiro:
    Nova Era, 2011.

    (Sabedoria de Hermógenes; 3)
    ISBN 978-85-7701-343-2

    1. Meditações. I. Trotta, Fredímio B. II. Título.
III. Série.

10-5131
                                            CDD: 204.3
                                            CDU: 2-583

Texto revisado segundo o novo Acordo Ortográfico da Língua Portuguesa.
Título original:
Coleção Sabedoria de Hermógenes – Volume 3
Copyright © 2011 by José Hermógenes de Andrade Filho
e Fredímio Biasotto Trotta

Projeto gráfico de miolo e diagramação: **editoriârte**
Capa: Marianne Lépine

Todos os direitos reservados. Proibida a reprodução,
no todo ou em parte, sem autorização prévia por escrito da editora,
sejam quais forem os meios empregados, com exceção das resenhas literárias,
que podem reproduzir algumas passagens do livro, desde que citada a fonte.

Direitos exclusivos de publicação em língua portuguesa para o mundo
reservados pela EDITORA NOVA ERA um selo da EDITORA BEST SELLER LTDA.
Rua Argentina, 171 — Rio de Janeiro, RJ — 20921-380 — Tel.: 2585-2000

Impresso no Brasil

ISBN 978-85-7701-343-2

Seja um leitor preferencial Record.
Cadastre-se e receba informações sobre nossos lançamentos e nossas promoções.

Atendimento e venda direta ao leitor:
mdireto@record.com.br ou (21) 2585-2002.

Apresentação

Numa época já conceituada como "a era das incertezas", desprovida de verdades essenciais, marcada por um incômodo desencanto, pelo fracasso das ideologias, por excesso de informações, consumismo desenfreado e muita ansiedade, os homens clamam por certezas, tensionados entre o efêmero e o eterno.

Quem somos? De onde viemos? O que devemos fazer? Para onde vamos? O que nos move? Qual o nosso papel na grande partitura da vida universal?

São muitas as recorrentes indagações existenciais do homem moderno.

A valiosa obra de nosso querido mestre Hermógenes nos dá respostas satisfatórias e consistentes a esse ansioso desejo de resposta, equacionando questões cruciais em nossas trajetórias.

Meu desejo com esta coleção, fruto de alguns anos em que me debrucei sobre os mananciais de sabedoria de Hermógenes, na imensa responsabilidade de selecionar e organizar, por livros temáticos, seus mais impactantes pensamentos, é proporcionar ao leitor um encontro fascinante com o melhor de Hermógenes.

Educador, filósofo, orientador e difusor do Yoga, criador de prestigiados métodos de treinamentos para a saúde corpórea, mental e anímica, pioneiro da medicina holística (integral) no Brasil, o Professor Hermógenes, como é mais conhecido nacional e internacionalmente, se dedica ao desenvolvimento físico, psíquico, ético, filosófico e espiritual da humanidade.

De fala tranquila e pausada, cabelos alvos contrastando com os incisivos olhos azuis, generoso e iluminado como só se apresentam os grandes avatares, nosso Professor é um semeador de campos de alegria e bem-estar.

O encontro com Hermógenes é uma aventura empolgante. Um banquete de respostas espirituais, verdadeiro bálsamo para a alma. A consulta diária desta nossa seleção de ensinamentos, poemas, convicções e convocações do Mestre, toca, comove, entusiasma, instrui. Inspira-nos a gestos de grandeza, contribui para o acerto de nossas escolhas, na resolução de questões cotidianas ou mesmo extraordinárias. Refina a razão e a sensibilidade.

Hermógenes, em sua imensa reserva de saberes, toma o leitor pelo braço e nos devolve algo, que em algum instante da vida se perdeu.

Alguma coisa muito boa acontece onde o essencial é o Amor.

Desejo o máximo proveito ao estimado leitor.

Fredímio B. Trotta

SABEDORIA DE
HERMÓGENES

saúde
para o corpo
e o espírito

Na visão materialista, saúde é um estado físico, caracterizado pela ausência de sintomas. Proponho uma concepção diferente, que denomino "saúde plena" por levar em conta a plenitude vastíssima
do ser humano.

(*Sabedoria — Prefácios de Hermógenes*)

■

"Saúde Plena" inclui paz, força,
alegria, lucidez, harmonia,
coragem, amor.

(Iniciação ao Yoga)

■

∎

Os termos *salute*, salvação e saúde
expressam o estado de perfeição de
um imenso sistema holístico do qual o
corpo é tão somente a parte mais
densa e mais impermanente.

(*Saúde na terceira idade*)

∎

Saúde é algo substancial e
positivo e não a simples
ausência de doença.

(*Saúde na terceira idade*)

∎

A saúde pode ser definida como *eu*timia, *eu*foria, *eu*ritmia, *eu*tonia, *eu*termia. A doença, por *dis*timia, *dis*foria, *dis*ritmia, *dis*tonia, *dis*termia. A prática de Hatha Yoga se propõe a substituir *"dis"* por *"eu"*. Quando *ha* ou *tha* predomina, acontece o *"dis"*. O equilíbrio *Hatha* restabelece o *"eu"*.

(*O que é Yoga*)

∎

■

Saúde se tem de graça, no ar que se
respira, nos bons sentimentos e
pensamentos que se mantêm, na
atividade sábia (ginástica e esporte),
no repouso (sono ou relax), no chá de
ervas, na boa mastigação, e
principalmente na consciência
livre de culpa.

(Deus investe em você)

■

A água (hidroterapia), a massagem (massoterapia), todas as modalidades de ginástica (cinesioterapia) e inúmeros outros procedimentos podem evitar, minorar e curar enfermidades. E bastariam, caso o homem fosse apenas seu corpo material. Mas será o homem tão somente isto? Não. Ele é constituído por outras "estruturas" não materiais. Só um método terapêutico que trabalhe o homem todo propicia o que chamo *saúde plena*.

(*Saúde na terceira idade*)

∎

Todo nosso esforço no sentido de evitar e corrigir abusos e contravenções; todo empenho em cumprir o que o "Manual" recomenda nos ajuda a evitar e vencer os agressores de nossas vidas — a intoxicação, a oxidação, a imunodepressão, a obesidade, a vida sedentária e o estresse, os quais, juntos, precipitam a entropia.

(*Saúde na terceira idade*)

∎

∎

As enfermidades não sobrevivem
quando implantamos e cultivamos um
nobre estilo de vida que
nos melhore simultaneamente nos
diversos níveis e aspectos
de nossa natureza (matéria, energia,
emoções, pensamentos).
É isto que nos garante "saúde plena".

(*Manual da feliz idade*)

∎

■

Quem cultiva a saúde nem se lembra de doença. Para isto, nossa mente deve se manter sempre ligada à ideia de saúde, energia, força, e desligada de doença, fraqueza e morbidez.

(*Deus investe em você*)

■

■

Edifique sua saúde. Que prefere:
cuidar-se ou ser tratado?

(Manual da feliz idade)

■

■

Nós, que temos um *Programa de Saúde*,
contestamos uma imunização
somente com vacinas
e contra determinada doença.
Somos adeptos de uma *imunização
ampla e inespecífica*, isto é, muito
mais aberta e completa, defendendo-
nos contra o adoecer,
não contra determinada
doença infecciosa.
Como se consegue isto?
Exatamente com um *Programa de
Saúde*, isto é, programar nossa
vida *para* a saúde.

(*Paz, amor e saúde*)

■

∎

Cientificamente está demonstrado
que um moral elevado, uma
moral sã, uma vida de amor
e pureza criam a saúde,
enquanto o oposto
cria a doença.

(*Paz, amor e saúde*)

∎

■

Assim como uma "brecha na alma" compromete a saúde, gerando ou facilitando a doença, inversamente, uma elevada vida ética e um psiquismo harmonioso, e, principalmente, uma boa dose daquilo que se conhece como fé, têm o poder de *imunizar* ou *curar*.

(*Autoperfeição com Hatha Yoga*)

■

■

Podemos concluir que
não há remédio ou terapia
que se possa comparar com
o *pensar, sentir, desejar*
e praticar o bem.

(*Autoperfeição com Hatha Yoga*)

■

■

Visando a defender seu maior patrimônio, a saúde, descubra um motivo muito elevado, muito nobre para nele empenhar sua existência; encontre um grandioso ideal a perseguir; ache uma tarefa importante e mesmo essencial a cumprir; defina um papel sublime a desempenhar no imenso palco da vida; isto lhe aumentará a vitalidade e o poder imunológico. Quem tem algo muito significativo a fazer não se entrega à doença e à morte.

(*Deus investe em você*)

■

■

Cultivar e curtir sentimentos bons, suaves e refinados, emoções elevadas e construtivas, bem como uma lúcida sensualidade sublimada, amplifica a eficiência imunológica, favorece a estabilidade orgânica e reduz a intensidade dos impactos estressantes frequentes na vida de qualquer um.

(*Saúde na terceira idade*)

■

■

Ocupe seu ócio com o servir a Deus, na pessoa do seu próximo. Isso sim é solução. Ofereça ao Senhor Supremo o fruto do seu agir. Não se reconheça credor de retribuições. Esta é a mais eficaz terapia ocupacional.

(*Yoga para nervosos*)

■

■

Quem ama e serve é são.

(Convite à não-violência)

■

■

Viver segundo seu próprio *dharma*
é usar a virtude, o dever, a retidão
como uma poderosa frente terapêutica.
Eticoterapia é a proposta que
tenho feito e continuarei fazendo.
Pois, no sapientíssimo conceito
de *dharma* me baseio.

(*Saúde plena com Yogaterapia*)

■

∎

Cuidado com "terapias" que impingem a um jacaré neurótico: "Assuma seu *desejo* de conduzir-se como colibri."

(*Saúde plena com Yogaterapia*)

∎

■

A ciência médica de hoje ainda vê a
respiração como um fenômeno
exclusivamente bioquímico.
É muito pouco. A respiração, além de
sua já tão conhecida função
fisiológica e bioquímica, segundo o
Yoga clássico, é também um fenômeno
energético e psíquico.

(*O que é Yoga*)

■

A ciência ocidental considera a respiração tão somente como fenômeno fisiológico, a fim de, com ele, efetuar as transformações químicas necessárias para que o sangue possa distribuir "nutrição" a todas as células. Parar de respirar é o mesmo que morrer.
Para a ciência *yogui* a respiração, no entanto, é muito mais do que um fato fisiológico. É também psicológico e prânico. Em virtude de fazer parte dos três planos — fisiológico, psíquico e prânico —, a respiração é um dos atos mais importantes de nossa vida.

(*Autoperfeição com Hatha Yoga*)

■

A respiração é o único processo fisiológico duplamente voluntário e involuntário. Se quisermos, podemos acelerar, retardar, parar e recomeçar o ritmo respiratório. É-nos possível fazê-la mais profunda ou superficial. No entanto, quase todo o tempo, dela nos esquecemos inteiramente, deixando-a por conta da vida vegetativa.

(*Autoperfeição com Hatha Yoga*)

■

∎

A respiração é também a porta através da qual poderemos um dia, à custa de aprendizado, invadir o "reino proibido" do sistema vagossimpático. É principalmente graças a ela que o *yoguin* avançado consegue manobrar fenômenos fisiológicos até então refratários a qualquer gerência.

(*Autoperfeição com Hatha Yoga*)

∎

■

Há em cada homem duplo ritmo respiratório. Um ligado à vida de relação ou consciente e o outro, à atividade inconsciente e vegetativa. A primeira, que todos conhecem, é superficial, e a outra, profunda.

(*Autoperfeição com Hatha Yoga*)

■

Durante duas horas respiramos natural
e inconscientemente com maior
intensidade por uma das narinas.
Nas duas horas seguintes,
é pela outra. Assim, com essa
alternância, a natureza vai nos criando e
mantendo a saúde. Quando sobrevém
uma disritmia, respira-se mais por uma,
não apenas durante duas horas, mas por
horas e dias seguidos. Só os estudantes
de Yoga — e quando bem
atentos — conseguem perceber essa
anomalia. O mais importante, no
entanto, é que Yoga nos oferece uma
técnica simples com a qual
podemos recompor o equilíbrio
perdido e, consequentemente,
a saúde psicossomática.

(*Yoga para nervosos*)

■

Quando, pelos exercícios respiratórios, voluntariamente controlamos a respiração, tornando-a lenta, induzimo-nos necessariamente à tranquilidade emocional e mental. Ritmando-a, estabelecemos a paz entre a mente, a vontade e os impulsos antes contraditórios e opostos.

(*Autoperfeição com Hatha Yoga*)

■

■

Ao atender alguém deprimido,
distressado, nervoso,
aflito, angustiado, tenso, presa de
fobia, enfim, vítima da "coisa",
procuro dizer ou fazer
uma palhaçada qualquer, que
possa lhe desafivelar a
carranca sombria, enfermiça e
apavorada, alguma brincadeira
engraçada que possa levá-lo a, pelo
menos timidamente, sorrir.
O primeiro sorriso que desabrocha
me permite acreditar já
ter começado o processo de
transformação libertadora.

(*Yoga para nervosos*)

■

■

Modernas pesquisas indicam que uma estrepitosa gargalhada mexe terapeuticamente não só com toda a musculatura da face, mas também com as cordas vocais, nervos, músculos e glândulas; massageia o diafragma; age beneficamente sobre o tórax, o abdome, o fígado, os pulmões. Finalmente, um grande remédio.

(*Saúde na terceira idade*)

■

■

Uma risada estimula as atividades das
células especializadas
no combate a vírus e bactérias.

(*Saúde na terceira idade*)

■

■

Com a mesma intensidade que a tensão debilita o sistema imunológico, engendra radicais livres e tumultua a homeostase, a distensão provocada pelo riso espontâneo melhora as defesas, reduz a oxidação e reestabiliza o meio interno orgânico.

(*Saúde na terceira idade*)

■

∎

Bom humor, moral elevado
e euforia juntos, instantaneamente
lançam no sangue hormônios,
neurotransmissores, enzimas e
neuropeptídeos, geradores e
defensores da saúde, fantásticos
remédios que realmente curam.
O centro que gerencia o sistema
imunológico é o timo.
A hilaridade estimula o *timo*.

(*Yoga para nervosos*)

∎

■

O riso influencia diretamente o
hipotálamo, centro cerebral que
governa a reação do corpo
ao estresse; também promove
vasodilatação cerebral,
melhorando assim
o fluxo do sangue. Conforme
sabemos, uma abundante
irrigação sanguínea no cérebro é a
garantia da lucidez mental
dos idosos, de tal forma que alguns
medicamentos geriátricos
de grande consumo têm esta
finalidade — vascularização cerebral.

(*Saúde na terceira idade*)

■

∎

Não existe ação e reação exclusivamente físicas, portanto a risoterapia não favorece somente ao organismo material. Os efeitos salutares são também energéticos, psicológicos e intelectuais. Em outras palavras, quem ri melhora por inteiro, o sistema todo.

(*Yoga para nervosos*)

∎

■

Os risonhos não vivem bisonhos.

(*Yoga para nervosos*)

■

∎

Toda moeda tem duas faces. Deixe de olhar somente para a face feia, desagradável das coisas, das pessoas e dos acontecimentos.

(*Saúde na terceira idade*)

∎

■

Ficar sempre recordando fatos dolorosos, além de ser de mau gosto, só serve para ressuscitar o estresse. Se sofrer foi ruim, para que agora re-sofrer? Interessa fragilizar o sistema imunológico, instabilizar a homeostase e aumentar dentro de você a população de radicais livres? Prefira relembrar acontecimentos felizes e estimulantes. Esta é uma boa forma de sair da pior e voltar a sorrir.

(*Saúde na terceira idade*)

■

■

Uma das mais eficazes e gostosas metodologias de nosso trabalho Yogaterápico tem sido a "grande gargalhada". Nos *satsangs* (reuniões de descontração, catarse, cântico, louvor a Deus, meditação e harmonização, praticadas na Academia Hermógenes), bem como nas aulas do curso "Saúde na Terceira Idade", proponho que todos, juntos, gargalhemos. Dando o exemplo, saio na frente. A turma me imita, e logo a gargalhada gostosa e irreprimida contamina todos. É a alegria infantil, espontânea, espalhafatosa, inocente, puríssima, descondicionada, cada um a rir da gargalhada dos outros. Os alunos adoram. Sentem-se eufóricos e tranquilos depois de tal mutirão de alegria.

(*Saúde na terceira idade*)

■

■

É uma terapia de desrepressão, de catarse. Com a continuação, aflições, depressões, zangas, tristezas, "engatilhamentos", repressões, tensões, contenções crônicas e fatigantes começam a dar o fora. Adeus drogas para os nervos! Vejo a gargalhada como um eficiente redutor da estressabilidade pessoal de cada um.

(*Yoga para nervosos*)

■

■

Sorrindo, você pode fecundar muitas
almas. Leve seu sorriso ao
necessitado, ao solitário,
ao revoltado, finalmente, ao enfermo.

(*Saúde na terceira idade*)

■

■

Sorrir em benefício próprio é excelente negócio. Mas melhor ainda é sorrir beneficiando alguém. Que seu sorriso ilumine o ambiente, desanuvie amargurados e resgate os coitados engolidos pela tristeza.

(*Saúde na terceira idade*)

■

■

Sorrir descontrai, solta, ilumina, desengatilha, cura. É como o raiar do sol "dando um chega pra lá" na escuridão da noite. Deus abençoe todos os palhaços deste mundo.

(*Saúde na terceira idade*)

■

■

A música, agindo pelo ritmo, ou pela melodia ou pela harmonia, ou por tudo junto e mais algum outro elemento impalpável, pode realizar verdadeiros milagres na preservação e na recuperação do equilíbrio mental e na rearmonização dos sistemas nervoso e endócrino.

(*Yoga para nervosos*)

■

Os jovens precisam experimentar
música adulta. Lucrariam muito
aqueles que resolvessem
tomar coragem de
parecerem diferentes
da maioria dos de sua idade
e, sem que abandonassem
os ritmos de seu tempo, também
aprendessem a (silentes, atentos, em
relaxamento) se deixar tocar
pela música santa dos grandes e
inspirados compositores e,
com ela, vivenciar as emoções
mais ternas, mais suaves e
mais repousantes.

(*Yoga para nervosos*)

■

Os grandes regentes permanecem sadios até avançada idade, provavelmente em virtude das músicas clássicas com que lidam. Por outro lado, já foi observada uma grande incidência de acidentes cardiovasculares entre os músicos de orquestras dedicadas à música erudita contemporânea, talvez pelas dissonâncias e a indefinição melódica.

(*Saúde na terceira idade*)

■

■

Evite as músicas excitantes ou descomprometidas com a perfeição da harmonia e a beleza da melodia. Procure alcançar, através da música, *euforia* e *eutimia*.

(*Saúde na terceira idade*)

■

Na música atual dos jovens,
psicólogos têm assinalado um
processo de regressão à mentalidade
primitiva. As letras das canções
são pobres, e se são expressivas,
o são de um nível mental
muito rudimentar. Nelas,
as palavras são substituídas
por gritos guturais, próprios
de uma era muito recuada,
antes de o homem ter
inventado a linguagem
articulada. Repetem muito
"ui", "ei", "ai", "hip", "hip"...

(*Yoga para nervosos*)

■

A música dançante dos jovens,
quase toda à base de ritmo
e indigente de melodia
e harmonia, fala muito mais
às pernas do que à alma.
É boa para estimular um
deprimido, mas, mesmo este,
acaba cansando com
o sensualismo primitivo e
monótono de que é feita.

(*Yoga para nervosos*)

■

■

As vibrações sonoras que tão beneficamente repercutem em nossa mente, em nossos nervos, em nosso mundo moral, podem também, infelizmente, se dirigidos noutra direção, acarretar prejuízos sérios ao organismo e ao psiquismo. A música também pode irritar, fatigar, entediar, excitar e desequilibrar.

(*Yoga para nervosos*)

■

■

Um instrumento musical tocado por
nós mesmos, seja um pandeiro,
uma guitarra, uma gaita de boca,
seja um piano, violino ou harpa, e,
na pior das hipóteses, mesmo um
assobio, é algo que nos alegra,
nos faz esquecer por um momento
alguma vicissitude, portanto nos
retempera, refresca e areja.
Quando o caso é de um
verdadeiro instrumentista,
as horas de estudo
se comparam em intensidade e
concentração espiritual
a uma eucaristia.

(*Yoga para nervosos*)

■

■

No final, não importa se o instrumento é um órgão e a obra é de Bach ou se é um simples cavaquinho nas mãos de um trabalhador tocando música popular junto à fogueira. O efeito da expressão musical de seu estado d'alma é o que importa. Se puser amor na execução, está fazendo musicoterapia.

(*Yoga para nervosos*)

■

■

Cante, meu amigo. Isso lhe fará
muito bem aos nervos. Quem foi
que disse que é preciso fazer
um curso de canto para ter
o direito de cantar? Se você é
naturalmente desafinado, cante
assim mesmo. Cante baixo para não
amolar os outros. Mas cante.

(*Yoga para nervosos*)

■

■

Música faz bem até quando
você presta atenção a outra coisa.
Suas vibrações, de qualquer
maneira, estão influenciando
seu mundo interior e
até mesmo o tom
vibratório de suas células.

(*Yoga para nervosos*)

■

■

Para efeitos terapêuticos, a melhor
forma de escutar música é sentar-se
em recolhimento, fechar os olhos,
aquietar-se, afrouxar o corpo e
entregar-se à música.

(*Yoga para nervosos*)

■

■

Já tem ampla comprovação científica a musicoterapia. Em hospitais do primeiro mundo, doentes em enfermarias e até em CTIs apresentaram grandes melhoras quando passaram a escutar música ambiental devidamente selecionada do repertório clássico.

(*Saúde na terceira idade*)

■

■

Quanto ao ritmo, terceiro elemento da música, tenho a dizer, segundo li nas pesquisas, que as de ritmo *anapésico* (o *rock*, a "metaleira", que lembra um bate-estacas) foram identificadas como agressoras dos ritmos biológicos normais de um organismo sadio, provocando, assim, imunodepressão; isto é, debilitaram o sistema imunológico. Já as de ritmo *dactílico*, como o da valsa, ao contrário, sintônico com os ritmos orgânicos, só fizeram bem.

(*Saúde na terceira idade*)

■

■

Os pássaros, livres nas matas, cantando; o balido das ovelhas; o mugido das vacas; o vento soprando nas árvores; as ondas batendo na praia; o pio de uma gaivota vagabunda; as clarinadas dos galos dentro da madrugada; a disritmia sedativa dos chocalhos no pasto; a cantiga do regato nas pedras da encosta; finalmente toda uma sinfonia gostosa, calmante, enlanguecedora, pode ser buscada para serenar os nervos, numa forma de musicoterapia que existiu desde os primórdios da criação. Se não fosse por outros motivos, os fins de semana no campo se justificariam somente por essa musicoterapia, oferenda da natureza.

(*Yoga para nervosos*)

■

■

Dizei-me de que músicas
teus sentidos se têm alimentado
e te direi quem és.

(Silêncio, tranquilidade, luz)

■

Dança é coisa séria. Mesmo que não se trate de dança mística ou dança clássica, mesmo a dança despretensiosa dos jovens, do ponto de vista de propiciadora de saúde mental, dança é coisa séria.

(*Yoga para nervosos*)

■

Só se pode fazer restrições à dança quando ela, ou por excesso ou degradação, conduza à fadiga ou à excitação erótica. Nesse caso, não é a dança em si o mal.
O mal é o uso desvirtuado.

(*Yoga para nervosos*)

■

A fim de manter uma "respeitabilidade própria da idade", é provável que você negue a si mesmo a alegria sadia que seu filho desfruta com suas danças jovens. Você não sabe o que está perdendo. Deixe essa carranca e essa mania de condenar os sacolejos graciosos da gente moça. Você não sabe o que está perdendo. Posso assegurar-lhe que, com essa mania de "se dar ao respeito", você está se privando de uma excelente válvula de escape às suas tensões psíquicas e, consequentemente, de um alívio para o seu nervosismo, de um meio de gozar de alegria vitalizante.

(*Yoga para nervosos*)

∎

A "respeitabilidade", que é manter um padrão de comportamento convencional, veste a gente com um camisolão frio, pesado e indeformável, que tolhe os movimentos e frustra comportamentos que seriam naturais, se não fossem assim sistematicamente reprimidos.

(*Yoga para nervosos*)

∎

■

Dance, meu amigo de meia-idade.
Dance, meu velho. Dance, vovô.
Dance, imite seu netinho. Livre-se do
camisolão frustrador. Só não se
exceda, pois seu coração não está para
exageros, mas, respeitadas as
condições de saúde e
idade biológica, dance.

(*Yoga para nervosos*)

■

∎

Dei o nome de *esteticoterapia* a um treinamento em busca da saúde por meio de vivência de sentimentos e emoções felizes, harmoniosos e muito belos, capazes de insinuar a Presença de Deus como beleza.

(*Saúde plena com Yogaterapia*)

∎

■

A esteticoterapia é a defesa da vida e a promoção da saúde através do refinamento da dimensão estética e lúdica do homem; é o aprimoramento de sua vida afetiva (sensações, percepções, sentimentos e emoções).

(*Manual da feliz idade*)

■

A esteticoterapia sugere uma vigilância profilática, para evitar sensações, percepções, sentimentos e emoções violentas, agressivas, feias, tristes, excitantes, monstruosas, degradantes, poluídas, que gerem estresse ou estimulem o ódio, crueldade, a degringolada espiritual... Tudo isso é mais destrutivo que vírus, germes, bactérias e radicais livres, músicas (?!) estridentes e selvagens, imagens monstruosas... infelizmente tão do agrado da pseudoarte e dos normais entretenimentos populares, desastrosamente curtidas por consumidores adolescentes.

(*Manual da feliz idade*)

■

A concentração da imunoglobulina IgA, que age contra vermes e infecções respiratórias, segundo uma pesquisa, é bem maior numa plateia assistindo a uma comédia que numa que assiste a um documentário. Tudo leva a crer que nos indivíduos que assistem a filmes de monstruosidade, catástrofe, horror, crueldade e violência máxima, a imunologia é jogada lá embaixo.

(*Saúde na terceira idade*)

■

A esteticoterapia também recomenda tirar proveito do culto e cultivo da beleza e da sublimidade da poesia, das belas-artes e principalmente da Natureza. Sugere ainda: desfrutar sentimentos e emoções bonitas e sublimadas; cultivar e curtir o bom humor (riso); degustar a formosura expressa em cores, flagrâncias, formas, música, poesia; desenvolver a capacidade criativa; pintar, esculpir, cantar, dançar...

(*Manual da feliz idade*)

■

Caminhar em silêncio,
buscando sintonizar com
a natureza, funciona como
terapia da sensibilidade, isto é,
a conquista da saúde pelo
refinamento dos sentimentos e
pela sublimação da sensualidade.

(*Saúde na terceira idade*).

■

∎

Se o caminhar maquinal, apenas com
o corpo e alienado sobre o restante do
grande *iceberg* que você é,
lhe dá tanto proveito, imagine quão
melhores e maiores serão os
benefícios, o poder terapêutico, se
todo você caminhar feliz, em
harmonia e em paz...

(*Manual da feliz idade*)

∎

∎

Enquanto caminhamos, ao cruzar
com os estranhos, é bom
vivenciar amor universal,
dizendo mentalmente:
*Eu te desejo toda felicidade e te abençoo em
nome do Senhor.* Tenha a certeza
de que, pela conhecida "lei do
retorno", você estará igualmente
sendo abençoado.

(*Saúde na terceira idade*)

∎

Nos esportes prefira, se puder, o papel de jogador ao de torcedor.

(*Yoga para nervosos*)

■

Pratique as formas que empreguem racionalmente os músculos; estimulem a circulação; deem prazer; eduquem o espírito; treinem a coragem; que não sejam interessantes somente pela índole competitiva; que o levem ao ar livre, à luz do sol, finalmente à utilização inteligente de suas energias.

(*Yoga para nervosos*)

■

■

Pratique as formas [de esportes] que
contribuam para aliviar tensões e
inibições; que lhe ensinem a controlar
a agressividade com o respeito às
regras convencionadas; que o
façam — sem que isso concorra para
gerar ansiedade — ultrapassar-se a si
mesmo; que não lhe esgotem os
nervos e descontrolem o coração
e a respiração;

(*Yoga para nervosos*)

■

■

Pratique as formas [de esportes] que não transformem você num bruto; que não lhe acentuem o sentido de rivalidade; que não o deprimam nas chamadas "derrotas" nem lhe alimentem orgulho e vaidade nas chamadas "vitórias"; que não lhe absorvam tanto a ponto de desequilibrar o emprego do tempo que a família, a comunidade, a profissão, e o Estado esperam de você.

(*Yoga para nervosos*)

■

■

A prática esportiva sofre algumas restrições em face da idade, do estado de saúde, clima, regime alimentar e outras. Procure conhecer tais limitações e as respeite, se não pretende cair em enrascadas.

(*Yoga para nervosos*)

■

■

Tenha cautela com a insana
modalidade dos "esportes radicais",
que geram imenso estresse
e total desprezo à vida dos que têm
sede de adrenalina. Cuidado com o
vício do exibicionismo!

(*Yoga para nervosos*)

■

■

Nenhum jovem deveria
deixar passar um dia sem que
praticasse ginástica.

(*Paz, amor e saúde*)

■

■

Nosso autotreinamento sugere
uma nutrição que, em vez de
promover doenças, promova
saúde, em vez de antecipar
e acelerar a entropia
ou degradação do sistema,
a retarde e desacelere.

(*Saúde na terceira idade*)

■

Comer não pode continuar a nos desnutrir, intoxicar, engordar, desestabilizar, deformar o corpo, finalmente, a nos impor uma velhice triste e "dodói". A forma comum (*normótica*) de alimentar-se é tremendamente patogênica.

(*Saúde na terceira idade*)

A *mastigação:* deve ser prolongada, paciente, permitindo a suficiente ensalivação, sem o que a digestão, a assimilação e a eliminação se prejudicam. O hábito de engolir sofregamente, de olho no relógio ou de mente apreensiva, é responsável por desagradáveis perturbações do aparelho digestor. Se você faz mesmo questão de saúde em geral e em especial para os nervos e o psiquismo, mastigue, mastigue... até que o bocado seja reduzido a uma pasta úmida podendo deslizar livremente goela abaixo.

Vale como um curso prático de paciência.

(*Yoga para nervosos*)

■

As transformações agradáveis que vão se manifestando naqueles que mudam de regime são argumentos irrefutáveis, pois são argumentos da evidência. Digestões suaves e rápidas, sensações de vigor e de paz, de serenidade, de leveza, de euforia firme e tranquila, inquebrantável boa disposição o dia todo, noites amenas, maior tolerância aos rigores sazonais são compensações para aqueles que ingressam no vegetarianismo.

(*Autoperfeição com Hatha Yoga*)

■

■

Ainda outro aviso, dirigido àqueles que, por alguma circunstância, sejam obrigados a consumir alguma carne: não será por atender a um imperativo de seu organismo que você não deverá praticar o regime yogue. Terá sem dúvida menos facilidade, mas poderá praticar o sistema.

(*Autoperfeição com Hatha Yoga*)

■

■

Por que o praticante diminui a quantidade de alimentos e ao mesmo tempo se sente mais forte? Primeiro, porque com a respiração yogue grande parte de sua nutrição ele a retira do depósito da energia universal — *prana*. Suas necessidades de comida diminuem, à proporção que aperfeiçoa a técnica do *pranayama*. Segundo, já esclarecido, eufórico e tranquilo, liberto do apetite neurótico, deixa de ser um idólatra do paladar.

(*Autoperfeição com Hatha Yoga*)

■

■

São estas as causas que fazem
do homem um glutão:
idolatria do paladar;
estômago dilatado;
necessidades do
plano inconsciente.

(*Autoperfeição com Hatha Yoga*)

■

■

Aqueles que usam apenas
o critério de sabor para escolher
seu alimento são candidatos
a adoecer e a encurtar a
juventude e a vida.

(*Paz, amor e saúde*)

■

■

Neste aspecto — alimentação — os animais são bem mais inteligentes que os homens. Nenhum animal come o que é antinatural.
Nenhum animal fabrica
e bebe cerveja.
Nenhum animal fuma.
Por isto são tão mais sadios
do que o homem, que se orgulha de sua inteligência superior.

(*Paz, amor e saúde*)

■

■

Não deveríamos permitir que conosco sentassem à mesa intrusos como o medo, a preocupação, a pressa, o rancor, as conversas deprimentes, a ansiedade e o remorso.

(*Autoperfeição com Hatha Yoga*)

■

■

Na mesa seja otimista, alegre, cordial, limpo de mente. A prece de agradecimento a Deus e uma bênção sobre os pratos constituem eficiente ritual de paz e saúde.

(*Paz, amor e saúde*)

■

∎

Empenhar um quarto do tempo em repouso é uma necessidade, uma determinação biológica.

(*Deus investe em você*)

∎

■

Aprenda a descansar. Não se iluda com sua resistência aparentemente ilimitada. Se você mantém essa imprudente ilusão, cuide-se. Se já não está pagando doloroso tributo, fatalmente virá a fazê-lo.

(*Yoga para nervosos*)

■

∎

Deus no "sétimo dia" descansou. Deu o exemplo. O repouso é exigência do organismo e da mente que se fatigaram no trabalho. Fadiga é um sinal ao homem, a dizer-lhe que chegou o momento de suspender o esforço. É um sinal amigo a que nunca deveríamos desatender.

(*Yoga para nervosos*)

∎

■

Nos casos de grave depauperamento nervoso, o paciente em vez de dorminhoco não consegue pegar no sono. O dormir bem não é privilégio dos neurastênicos como poderia parecer. Ao contrário, os que têm bons nervos, vitalizados, têm melhor sono, mais fácil e recuperador.

(*Yoga para nervosos*)

■

■

Defenda-se da fadiga crônica declinando convites, nomeações e eleições que venham exigir mais de seus nervos e agravar o estresse. Se possível, *liberte-se* de um ou mais de seus atuais encargos. De que vale ganhar os tesouros da terra em troca de ser condenado a um infernal sofrimento nervoso, que não lhe permita desfrutar os tais "tesouros"?!...

(*Yoga para nervosos*)

■

■

Hoje é comum que, em vez
de comprimidos e injeções,
o médico recomende: *relaxe*.
Tem sido receitado para
os fatigados, neuróticos,
aflitos, insones,
cardíacos, dispépticos
e convalescentes.

(*Yoga para nervosos*)

■

■

Chama-se relaxamento o estado oposto à tensão, isto é, a ausência de contrações e esforços.
Estando relaxados os músculos, os nervos que os comandam não transmitem mensagem alguma. Inativos, feito fios elétricos desligados, por eles não transitam impulsos, possibilitando, assim, repouso aos centros nervosos. Nesta condição, os reflexos se acalmam. O corpo fica igual a um aparelho elétrico desligado da corrente.

(*Yoga para nervosos*)

■

■

Quando em relaxamento, um órgão se comporta como um soldado dormindo que não cumpre a ordem estapafúrdia de um superior hierárquico meio perturbado.

(*Yoga para nervosos*)

■

■

Músculo relaxado é escudo
contra nervosismo.

(Autoperfeição com Hatha Yoga)

■

■

Se o neurótico, insistindo e tirando
proveito de outras técnicas, conseguir
aprimorar a arte de relaxar,
consequente e simultaneamente,
estará se libertando da neurose.
Estará vencendo o medo, acalmando
a ansiedade, ganhando coragem
e estímulos de vida.

(*Yoga para nervosos*)

■

∎

Em várias ocasiões, seja em nossos exercícios, seja em nossas atividades profissionais, seja na fila do cinema ou da condução, precisamos manter-nos relaxados, estando em pé.
Naturalmente se trata de um relaxamento regional, mas buscando atingir o maior número de partes do corpo. As pernas, evidentemente, não podem relaxar por completo.
Há outros músculos posturais que também não podem ser aliviados a não ser parcialmente (músculos posturais são os que mantêm a postura). Mas existem muitos outros dos quais independe a manutenção da pose. E eles podem ficar inertes e frouxos.

(*Yoga para nervosos*)

∎

∎

Se você cultivar zelosamente
relaxamento parcial, verá como se põe
a salvo da fadiga, da agitação
febricitante das ruas, dos conflitos
domésticos, das incompreensões, das
decepções profissionais, das injustiças,
das malquerenças, da agressividade
dos outros, mercê da diminuição da
reflexibilidade comum.
Cultive o relaxamento em sua vida
de relação como meio de
desfrutar a sobranceira tranquilidade
de quem vê as coisas de muito alto,
sem se deixar
envolver emocionalmente.

(Autoperfeição com Hatha Yoga)

∎

A medicina e a psiquiatria
ocidentais descobriram no
relaxamento somatopsíquico
preciosa panaceia.

(Autoperfeição com Hatha Yoga)

■

É necessário popularizar a saúde
mental através de práticas como
a meditação yóguica.

(*Convite à não-violência*)

■

■

Os inimagináveis poderes terapêuticos da meditação até que são fáceis de comprovar. Talvez você mesmo alguma vez já tenha iniciado uma prática meditativa suportando uma dor de cabeça ou um mal-estar indefinido, o qual, terminada a meditação, tenha sumido.

(*Saúde plena com Yogaterapia*)

■

▪

Os cientistas que mais contribuem para nos fazer entender os poderes terapêuticos de paz são, em primeiro lugar, os físicos modernos (quânticos), os biologistas e os parapsicólogos. Os físicos quânticos, embora tivessem começado o estudo pelas partes menores do relógio, tudo indica que estão bem próximos do encontro com o "Fabricante" do mesmo.

(*Saúde plena com Yogaterapia*)

▪

∎

Qualquer tentativa de submeter a mente, obrigando-a a ficar atenta somente sobre o objeto escolhido para a "concentração", é uma forma de dar maior força à sua natural rebeldia e assegurar-lhe segura vitória.
Não há qualquer esperança de, pela força, vencer a mente.
(...) A mente não é para ser combatida, mas seduzida e conquistada.

(*Saúde plena com Yogaterapia*)

∎

■

A quietude do corpo cala os sentidos.
Os sentidos silentes e o corpo em
repouso serenam a respiração.
A mente para quando o
hálito se aquieta.
Se a mente para, o Espírito
se manifesta como
Unidade
Totalidade
Infinitude
Felicidade
Paz
Luz...

(*Canção universal*)

■

■

Juventude é atividade. Atividade é
vida. Juventude é expressão
da vida através da
atividade sã.

(*Paz, amor e saúde*)

■

■

A beleza do corpo morre
com o corpo.
A beleza da alma é imortal.

(Yoga: caminho para Deus)

■

■

Os velhos não são os que
viveram longamente,
mas os que não têm ânimo de
aprender e se renovar.

(Silêncio, tranquilidade, luz)

■

A Hatha Yoga, por várias de suas técnicas, vitaliza as glândulas sexuais — as gônadas — assegurando-lhes alto potencial e prolongada juventude; consequentemente, a potência e a juventude de todo o organismo e da mente. A Hatha Yoga é, dessa forma, uma garantia contra a senectude precoce, que a tantos assusta. (...) Ao mesmo tempo que aumenta o poder sexual, a Hatha Yoga, livrando o ser humano de suas angústias, neuroses, inseguranças, fobias e conflitos, promove condições espirituais tão compensadoras, que os grilhões que o escravizam ao sexo vão progressivamente caindo.

(*Autoperfeição com Hatha Yoga*)

∎

A saúde na terceira idade e em todas as idades só pode ser assegurada por um sábio sistema disciplinar que incida sobre o homem inteiro — corpo, energias, emoções, sentimentos, ideias, pensamentos, crenças, vivências estéticas, conduta... e até sobre o relacionamento do homem com o Ser Supremo.

(Manual da feliz idade)

∎

Num tratamento, o único papel que lhe é cobrado é entregar-se passivamente, desligadamente e irresponsavelmente a um profissional. No treinamento, acontece o contrário: você terá de se comportar como um agente, muito diligente, lúcido e responsável, a praticar tudo que lhe promova a saúde e a evitar tudo que desencadeia doenças e precipita o envelhecimento, mergulhando no vale escuro e acelerando a descida da noite.

(*Manual da feliz idade*)

∎

Segundo vejo, alguém de idade que esteja enérgica, psíquica e espiritualmente harmonioso e estável, desfruta mais saúde que um jovem bonitão musculoso que se rendeu às sombras do vale.

(*Sabedoria — Prefácios de Hermógenes*)

∎

■

Aos 35, um sedentário tem 10% de chance de se tornar diabético, porque a gordura atrapalha a absorção do açúcar pela célula. Num praticante de ginástica, o risco é de 1 a 5%. Aos 65 anos, a pessoa paradona tem 30% de risco, mas se ainda continua com a ginástica, desce para apenas 5 a 10%. Se com a ginástica convencional, isto é, limitada ao físico, é assim, com a Hatha Yoga muito mais será.

(*Saúde na terceira idade*)

■

■

Aos poucos, sem compromisso, sem forçar, tente executar as técnicas mais simples e exequíveis da Hatha Yoga: a parte introdutória, as poses de equilíbrio, a ativação dos músculos respiratórios, algumas flexões mais fáceis e, melhor que tudo, as técnicas facílimas que constituem a fase última da sessão de Hatha Yoga (sedativas e relaxantes).

(*Saúde na terceira idade*)

■

■

Dos exercícios apropriados à terceira
idade, a caminhada é talvez
o que mais se aproxima da perfeição
da Hatha Yoga.

(*Saúde na terceira idade*)

■

■

Não abra a porta à aterosclerose. Para tanto, pratique os exercícios que mexem com o corpo, levando a cabeça a ficar mais abaixo, provocando maior irrigação cerebral. Mas não é só isto o que se deve fazer. Existem outras formas de afiar e agilizar a mente. A leitura e o estudo aguçam a intuição e o raciocínio; preservam a memória, a imaginação e o discernimento; finalmente, previnem a deterioração da vida mental e intelectual. Fazendo assim, você estará vencendo a batalha contra a demência.

(*Saúde na terceira idade*)

■

■

Na terceira idade nosso potencial energético diminui a caminho da exaustão inevitável. Racionar o dispêndio garante, portanto, viver mais e melhor. O Yoga, indo mais longe, ensina como repor os gastos.

(*Saúde na terceira idade*)

■

∎

Qualquer tratamento geriátrico propõe uma inteligente disciplina alimentar, pois nossos hábitos alimentares, desde a infância, geralmente pecam, seja por carência de nutrientes, seja por intoxicar o meio interno, seja por agressão ao aparelho digestor, seja por produzir excitamento, seja pela indigência energética...

(*Saúde na terceira idade*)

∎

■

O equilíbrio de uma bicicleta dura enquanto ela se movimenta. Quando para, cai. Com você se dá a mesma coisa. Então, não pare. Em prol de seu bem-estar, evite o ócio como evitaria um câncer. Sentir-se inútil, vazio, sem nada fazer, vira tormento. Por isto, trate de engajar-se num serviço qualquer. Não só a troco de salário, mas, acima de tudo, para não começar a implodir.

(*Saúde na terceira idade*)

■

∎

A Natureza é sábia. Portanto, sábio é sempre concordar com ela. Com o avançar da idade a produção hormonal *naturalmente* diminui e, consequentemente, o desempenho sexual. O climatério não é para ser temido e detestado, mas, ao contrário, deve ser recebido sem lamentos ou protestos, sem drama e sem depressão, e inteligentemente administrado.

(*Saúde na terceira idade*)

∎

■

Para as pessoas idosas orar é a maior
bênção e está sempre à mão, à
disposição de qualquer um. Sendo a
prece a consulta médica mais
produtiva, o remédio mais potente,
nada custa e não tem
restrições ao uso.

(*Saúde na terceira idade*)

■

■

Não abra mão do direito de ser feliz e saudável em sua terceira ou quarta ou mesmo na quinta idade.

(*Saúde na terceira idade*)

■

■

A metodologia terapêutica que há mais de quarenta anos venho propondo e praticando leva em conta a Natureza em sua majestosa totalidade. É, portanto, uma terapia que merece o nome de *holística*. Assim, energias, sentimentos, emoções, pensamentos, crenças, convicções... completam e amplificam a ação das terapias que a visão materialista rotula como "naturais", que são muitas e todas eficientes.

(*Saúde na terceira idade*)

■

■

As terapias, em sua generalidade, são *patocêntricas*, ou seja, apostam suas armas contra determinadas entidades mórbidas, destas que figuram nos tratados de patologia. Isso em si não é errado, é até mesmo indispensável, mas a opção do treinamento yóguico é para a saúde, que é um *ser* e não uma *ausência*.

(*Saúde plena com Yogaterapia*)

■

■

Ninguém desconhece ou contesta os benefícios da impropriamente chamada "educação física" ou "atividade física". Quando, porém, nos exercitamos por inteiro, naturalmente praticamos uma terapia incomparavelmente mais capaz de gerar saúde, vitalidade e harmonia. O trabalho com somente o físico, embora muito compensador, é insuficiente para remover ou neutralizar causas verdadeiras dos males que atormentam nossas vidas. As verdadeiras causas, aliás, não se encontram no físico, mas nos planos mais sutis: energias, emoções e pensamentos.

(*Manual da feliz idade*)

■

■

Em níveis mais sutis que o físico, somos um fantástico sistema de bioenergia, um complexo de emoções, pensamentos e convicções teóricas, e, mais importante que tudo, somos Espírito. Esta é a diferença entre uma geriatria materialista e uma integral ou holística.

(*Sabedoria — Prefácios de Hermógenes*)

■

■

O século passado, dominado pela miopia materialista-mecanicista, só via o componente material do homem e, além deste, apenas um comportamento psicológico, assim mesmo predominantemente determinado pela matéria.

De uns tempos para cá, principalmente a Medicina, vencendo empedernidos dogmas, redescobriu a milenar concepção do homem psicossomático.

(*Iniciação ao Yoga*)

■

∎

Em países modernos, médicos de vanguarda já estão receitando métodos terapêuticos alternativos, naturais, desintoxicantes, autoaplicáveis, não geradores de dependência, livres de intoxicação, não onerosos, que impliquem mais autotransformações holísticas, e estejam predominantemente voltados para a saúde.
Tal o caso da Yogaterapia.

(*Saúde na terceira idade*)

∎

■

É desejável que o grande avanço não se dê somente nos médicos, mas também nos chamados *pacientes*, que ainda estão distanciados do imenso potencial preventivo e corretivo contidos neles mesmos.

(*Saúde na terceira idade*)

■

Se a profilaxia médica atual não se autolimitasse ao nível da matéria, mas, ousando, avançasse mais, alcançaria níveis cada vez mais sutis que fazem parte do *homem integral*. Tal avanço por certo multiplicaria sua já admirável eficácia, porque passaria a dispor de maior poder terapêutico por atuar nos níveis energético, psíquico, emocional e até mesmo no espiritual, conforme os sagrados "Manuais de Instrução" ensinam.

(*Saúde na terceira idade*)

∎

Só podemos dizer que estamos praticando terapia natural quando passamos a viver em harmonia com o megassistema universal; quando não transgredimos suas leis sapientíssimas, quando vivemos disciplinadamente, conforme nossa natureza essencial, procurando cumprir o papel específico que o cosmos nos designa; e quando vivemos em retidão, sem hipocrisia, mas com amor e paz.

(*Saúde plena com Yogaterapia*)

∎

∎

Em uma de suas muitas definições, Yoga é um sábio método de vida, destinado a promover *santidade* e *sanidade*, implantando *saúde* (em sânscrito, *arogya;* em grego, *higea*), algo muito diferente e distante da mera ausência de enfermidade, síndrome, disfunção orgânica, neurose. *Sanidade* ou *santidade* é plenificação do infinito potencial humano.

(*Autoperfeição com Hatha Yoga*)

∎

■

A Medicina optou pela nobre
tarefa de *tratar* as doenças.
Felizmente. Todos admiramos e
agradecemos a missão do médico.
O Yogaterapeuta não *trata*.
Treina o indivíduo
para que, administrando sua
própria vida, por si mesmo e
em si mesmo, conquiste e mantenha
um tesouro chamado *saúde*.

(*Autoperfeição com Hatha Yoga*)

■

SAÚDE PARA O CORPO E O ESPÍRITO ▪ 147

▪

Ao longo dos anos, talvez centenas de milhares de seres humanos passaram pelo Salão-das-Sete-Janelas (Academia Hermógenes), e conseguiram superar adversidades; se libertaram de enfermidades as mais diversas, e, em alguns casos, fizeram metanoia, isto é, sua opção por Yoga. (...)

A maioria buscava (e ainda busca) apenas um alívio para um sofrimento predominantemente físico. Algumas dessas pessoas depois que aprendiam que os males físicos não são gerados somente no físico, mas sempre nascem em um nível mais sutil de seu ser, decidiam assumir valores novos, novos ideais, e caminhar em melhores rumos.

(Saúde plena: Yogaterapia)

▪

A Hatha Yoga é treinamento que tem por objeto condicionar o homem inteiro (...) Seus principais componentes são: a) *asanas* — posturas do corpo que agem terapêutica e corretivamente sobre todos os sistemas, órgãos, tecidos e funções orgânicas; b) *pranayamas* — manobras inteligentes sobre o campo energético, condutos sutis de energia e centros psicoenergéticos, mediante exercícios respiratórios conscientes; c) controles musculares; d) gestos para controles neuromusculares; e) técnicas de relaxamento; f) técnicas de purificação; g) nutrição pura, leve e energética (*sativa*); h) *dharma* — conduta ética marcada por não violência, retidão, humildade, desapego etc.; i) mente controlada; j) *mantras*.

(*O que é Yoga*)

∎

A Hatha Yoga é uma forma de terapia porque, à guisa de um demiurgo (criador), introduz ordem onde a desarmonia imperava, isto é, porque corrige desequilíbrios, porque transforma *caos* em *cosmo*.

(*Autoperfeição com Hatha Yoga*)

∎

∎

A Yogaterapia, no tratamento dos nervosos e em qualquer tratamento, não movimenta apenas os poderes, as energias e as leis do corpo, mas também e muito mais os do *prana*, da mente, da sabedoria, e da bem-aventurança, que são presentes, embora imperceptíveis, em todo homem. Sua eficiência não está apenas em recorrer aos planos mais profundos, sutis e abstratos, portanto mais potentes, mas também por lançar mão simultaneamente de todos os recursos, desde aqueles que a atual medicina psicossomática normalmente usa até aqueles que ainda lhe escapam, por desconhecidos. É terapia integral holística. Uma conquista multifrontal da saúde.

(*Yoga para nervosos*)

∎

■

Os praticantes de Yoga começam a sentir o "peso da idade" muito mais tarde do que a pessoa normótica. Intuitivamente, vão sentindo as mudanças que deverão introduzir em seu programa diário de *ásanas*, à medida que lhes declinam vitalidade e destreza.

(*Autoperfeição com Hatha Yoga*)

■

■

Yoga e estresse não coexistem.

(*Yoga para nervosos*)

■

■

Quando vejo hoje milhões em todo mundo dependendo de complexa e caríssima parafernália médica ou ginástica, de complicados e sofisticados aparelhos, de academias com instrumentos informatizados, ingerindo nutrientes caríssimos sintetizados em laboratórios, francamente, sinto vontade de clamar muito e dizer: "Parem com tudo isto. Não dependam destas coisas. Economizem todo esse dinheiro e o canalizem para reduzir a fome e a ignorância no mundo."

(*Saúde plena com Yogaterapia*)

■

■

Para ter saúde em seu mais sublime conceito, basta que disponham em suas casas ou nos clubes de uma nesga de chão, limpo e forrado com uma esteira, toalha ou coisa equivalente. Você dependerá somente de ar, chão e principalmente de seu empenho, persistência e esforço, este sendo incomparavelmente menor do que tudo o que você anda fazendo nesses exercícios repetitivos, orgásticos e estressantes. Praticar Yoga é incrivelmente mais agradável, mais natural; livre de dispêndios de dinheiro e esforço.

(Saúde plena com Yogaterapia)

■

■

Se você praticar holisticamente o Yoga, vai se surpreender com resultados admiráveis e preciosos e muitas vezes além do que desejara alcançar — Yoga holístico pode curar não somente determinada doença, as outras concomitantes também somem. Sabe por quê? Porque Yoga restaura a saúde. Ora, com a presença onipoderosa da saúde, diferentes enfermidades "dão o fora."

(*Autoperfeição com Hatha Yoga*)

■

Engana-se quem supõe que a meta de
Hatha Yoga é somente a saúde física.
Costumo espantar pessoas
que me procuram pensando
somente em saúde orgânica quando
pergunto de repente: "que
pretende fazer com a saúde?".
A pergunta é inusitada porque a
saúde é tida por um fim em
si mesma. Meu intento é provocar
uma reflexão sobre a verdadeira
função e o valor da saúde. À luz da
sabedoria, boa saúde é apenas
um meio para a conquista de
um fim de suprema magnitude,
transcendente mesmo.

(*Iniciação ao Yoga*)

■

Como se vê, Hatha Yoga pretende ser uma panaceia, um remédio universal. E é. Posso afirmar. Eu o constatei a partir de uma experiência prolongada e austera, ensinando-a em aulas práticas e escrevendo livros, ao longo de mais de quarenta anos, para milhares e milhares de pessoas, no Brasil e no exterior, na maioria idosas e enfermas.

(O que é Yoga)

■

■

Você também, leitor, tenho certeza, vai abençoar o dia em que iniciou seu treinamento yogue. Sua vida, a partir desse dia, mudando incessantemente, levará você aos tesouros de Seu *verdadeiro Eu*.
Você voltará a ser o *herdeiro da divindade*.

(*Autoperfeição com Hatha Yoga*)

■

Este livro foi composto na tipologia
Cochin, em corpo 10/13,
e impresso em papel offwhite
80g/m² e impresso na Prol Gráfica.